I0122456

LE LUXE EFFRÉNÉ

DES HOMMES

Li 3
376.

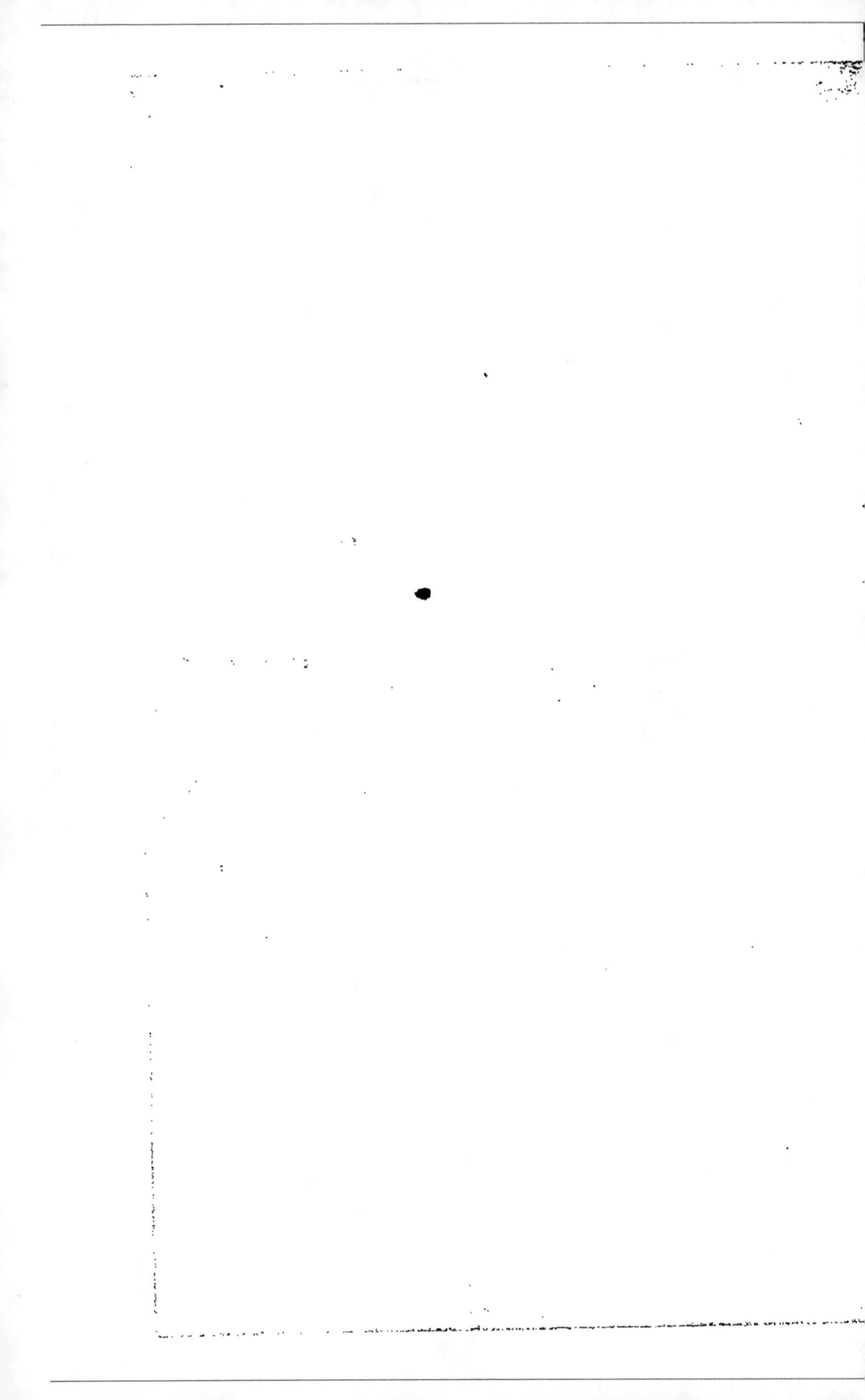

LE LUXE EFFRÉNÉ

DES

HOMMES

DISCOURS

TENU DANS UN COMITÉ DE FEMMES

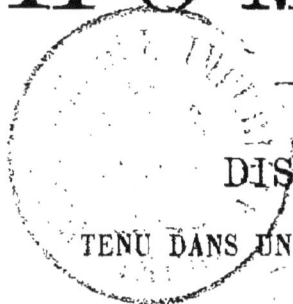
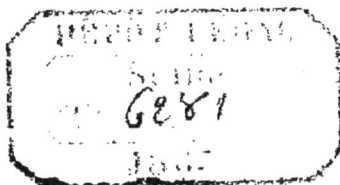

PARIS

E. DENTU, LIBRAIRE-ÉDITEUR

Palais-Royal, 17 et 19, galerie d'Orléans

1865

(Tous droits réservés.)

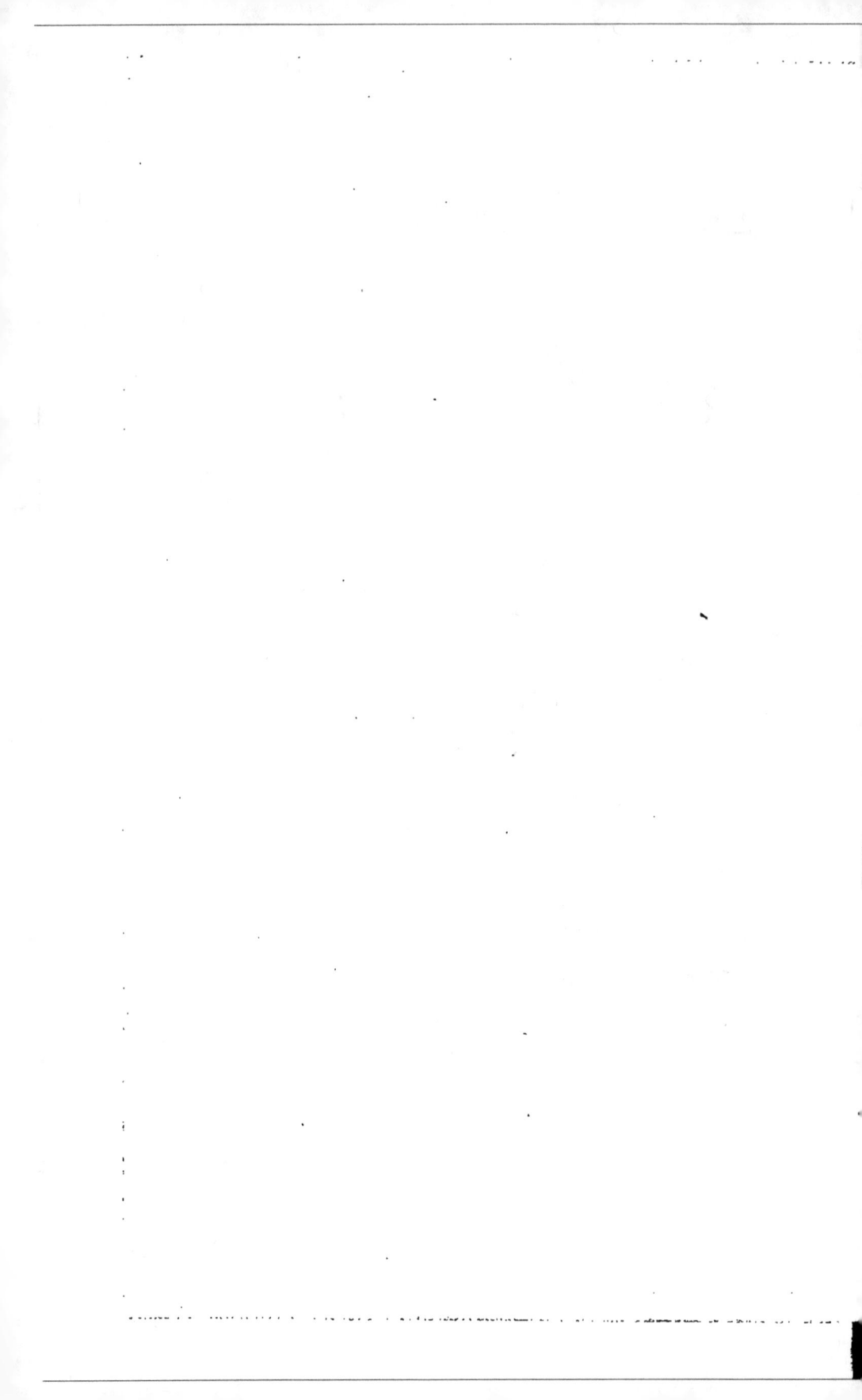

LE LUXE EFFRÉNÉ

DES HOMMES

DISCOURS

TENU DANS UN COMITÉ DE FEMMES.

Mesdames,

Un fléau épouvantable, *un mal qui ré-
pand la terreur*, ravage la société fran-
çaise! On ne saurait trop s'élever contre
lui; on ne saurait trop fortement invoquer contre cet ennemi public la vigi-
lance de la police et la sagesse du gou-
vernement.... Ce fléau, ce mal pestilentiel,
cet ennemi de toute bonne économie so-
ciale, c'est le LUXE.

1.

Déjà un homme d'esprit, un grave magistrat, a fait entendre, du haut de la tribune du Sénat, quelques paroles bien senties.

Seulement l'éloquent **M. Dupin**, — qu'il me permette de le lui dire,—a traité ce grave sujet avec légèreté, ne l'abordant qu'au point de vue de la crinoline, usant toutes les forces de son éloquence à déchirer quelques mètres d'étoffe. Il est cependant un luxe bien plus effrayant, mesdames, et qui a des conséquences bien plus désastreuses que le luxe des emmes : c'est celui des hommes. (Oui, très-bien! très-bien!)

Voyez-donc : ces messieurs ont inventé le costume du matin, celui de l'après-midi, celui du bois, celui des courses,

celui des soirées, celui pour la chasse :
inutiles fantaisies, fécondes en dépenses
ruineuses... C'est ainsi que nos lions, ou
ceux qui veulent les singer, en arrivent
à avoir, à la fin de l'année, un compte
de 12,000 fr. chez Dusautoy, 4,000 fr.
chez le chemisier, 2 ou 3,000 fr. chez le
bottier, sans compter chapelier, gantier,
coiffeur et le reste, bref un total de 20 à
25,000 fr. au bas mot. La caisse est vide...
Monsieur est fort embarrassé... Il joue à
Monaco sur la rouge, ou à Paris sur le
Mobilier... Et crac... le voilà ruiné...
Tout cela ne lui serait pas arrivé s'il se
fût contenté de souliers cloués et lacés,
d'un paletot d'hiver et d'une jaquette
d'été, achetés dans les maisons de con-
fection ; s'il s'était coiffé et rasé lui-même.

Ne m'accusez pas de pousser au noir.

Je connais un jeune homme qui a pris ses quartiers d'été à Clichy pour une bagatelle de 50,000 fr. : son tailleur et son chemisier y sont ensemble pour 20,000 fr., son coiffeur pour 5,000 fr.

Si encore ces messieurs pouvaient alléguer pour excuse qu'ils sont jolis étant ainsi fagotés, je pourrais, par amour de l'art, me sentir portée à quelque indulgence. Mais non, ils sont laids, et c'est pour avoir cette drôle de tournure, que vous savez, qu'ils prodiguent ainsi leur argent, qu'ils compromettent souvent la dot de leurs femmes. (*Applaudissements.*)

M. Dupin a donc raison de sonner la cloche d'alarme. Où allons-nous donc, mon Dieu, où allons-nous?

Nous marchons, si l'on n'y prend garde, vers une démoralisation complète.

L'exemple tombe de haut... Sur ce point encore je suis de l'avis de l'honorable sénateur. Oui, c'est la vanité, cette caricature de l'orgueil, qui produit, dans les hautes classes, le mal que nous signalons.

Un homme qui a une fortune modeste, qui, en province, aurait pignon sur rue, deux chevaux dans son écurie et une table abondante où il recevrait tous les samedis son maire et son curé, se trouve, à Paris, être du même cercle que monsieur tel ou tel, qui a 200,000 livres de rente. Il veut tenir son jeu, il perd, il a perdu; et quand les vingt-quatre heures de l'échéance d'honneur sont près de s'écouler, comme on ne se tue guère aujourd'hui pour sauver sa vertu, on consulte sa montre, on discute avec ses scrupules, et l'on fait comme les autres, on fait le plongeon, on a recours à des moyens honteux. C'est ainsi que de grands noms retentissent à la 6e chambre et sont inscrits sur les registres des bagnes; et encore ceux-là ne sont pas les plus déshonorés: il en est d'autres qu'on prononce tout bas, qui ne relèvent pas de la justice des hommes, mais qui sont justiciables du mépris des femmes. (Très-bien! très-bien!)

L'époque des fêtes est revenue avec les neiges de janvier. M. X, qui est noble, mais pauvre, veut faire bonne figure pendant la saison d'hiver. On ne parle que de bals costumés. Pourquoi n'aurait-il pas, lui aussi, son bal et son souper? Pourquoi ne parlerait-on pas de ses bonnes grâces d'amphitryon dans la *Gazette des étrangers*. (Toujours l'histoire de la grenouille, si bien racontée par ce bon M. Dupin, après ce bon M. de La Fontaine.) Mais que faire? Il empruntera à une Lorette ses diamants; et, comme il se dit qu'après tout ces bijoux-là appartiennent au domaine public, il en usera comme lui appartenant à lui-même; il les gardera, il les engagera au Mont-de-Piété, il ne les rendra pas!... Voilà, mesdames, à quoi l'amour du luxe entraîne les hommes. Depuis le haut jusqu'en bas, mais surtout en haut, l'homme est dévoré du désir de paraître; il veut que l'on parle de ses chevaux, de ses chiens, de ses maîtresses. Il prodigue l'or à des filles qu'il n'aime pas.... par générosité? Non pas, mais par ostentation. Et ce qui le prouve, c'est qu'il impose à celle qu'il honore de ses bonnes grâces de dépenser plus encore qu'il ne lui donne. Assurer son avenir contre la misère, c'est là vraiment son moindre souci. Cette femme n'est qu'une réclame pour sa fortune; c'est une poupée à ressort inventée pour la satisfaction de son orgueil; il faut qu'elle se pare, qu'elle se montre, qu'elle piaffe, qu'elle éclabousse. Monsieur la traînera au bois le lendemain de la mort de sa mère.... Elle y rira, elle y saluera, elle y échangera des poignées de main, elle y fera des mots.... Il le faut : n'est-elle pas la chose de monsieur ?

Je vous ai déjà raconté l'histoire de celui qui, ayant un grand nom et pas de rente, courbé sous le poids des protêts de Dusautoy, Dumont, Bender, etc., entre à Clichy en se moquant des recors, et sort

de Clichy en se moquant de son honneur.
C'est en dépensant l'argent des autres,
pour *paraître* autant que les autres, que
M. de X. a cru rester fidèle au vieux proverbe : « Noblesse oblige. » Un autre, que
vous avez pu rencontrer dans le même
cercle, a refusé de devenir escroc ; seulement il s'est vendu ; en d'autres termes,
il s'est marié, il a cherché femme ayant
dot, fille de lorette, lorette entre deux
âges, fille d'homme taré qui a failli trois
fois : il a trouvé, il a épousé. Il pourra
encore briller dans le monde, il pourra
s'enfler encore, il pourra protéger encore des *prime donne* avec l'argent de
sa femme, en vertu du proverbe, « que
ce qui vient de la flûte retourne au
tambour. »

2

Oui, mesdames, l'excès du luxe jette tout le monde hors de ses voies. Les grandes situations même s'en effrayent, et à chaque saison, quand un nouveau scandale heurte notre oreille, quand nous apprenons que M. Y., avec qui nous avons valsé la veille, a joué cent mille francs sur une carte, la dot de sa femme, le pain de sa fille ; quand on vient nous dire que, pour satisfaire les caprices les moins avouables, monsieur tel ou tel a sali son nom, s'est perdu de réputation, a commis des actes inqualifiables et indignes d'un honnête homme, nous nous écrions avec terreur : Vers quel abîme courons-nous ? Qui donc aura désormais assez de force pour guérir un mal aussi profond, pour arrêter une contagion aussi générale ? Quand donc aurons-nous des maris, des frères, des hommes enfin, que nous puissions respecter, dont nous puissions être fières? Quand donc pourrons-nous mettre notre main dans celle d'un honnête homme, qui n'ait jamais souscrit ces lettres de change dont l'échéance est, je ne dis pas toujours, mais si souvent fatale à l'honneur. (Très-bien! très-bien!)

Vous savez, mesdames, ce que c'est que l'honneur d'un homme? C'est de ne jamais mentir ni à soi-même, ni aux autres; c'est de rester fidèle à ses amitiés, à son amour, à sa foi, jusqu'à la mort, jusqu'à la pauvreté, jusqu'à l'exil! Combien en connaissez-vous parmi les hommes d'aujourd'hui, qui aient de ces fiertés-là? Et les hommes nous accusent d'être volages! Combien donc ont-ils violé de serments, ceux qui nous reprochent de violer les nôtres? Les hommes peuvent-ils affirmer que les femmes ne seraient pas fidèles, s'ils ne se vendaient pas pour un bout de ruban, pour un traitement, pour un fauteuil rembourré et constellé d'abeilles? Nommez-moi, mesdames, nommez-moi ceux qui ont essayé de ce moyen de plaire aux femmes, et j'affirme que ceux-là nous les aimerons! Moi, je ne vous nommerai pas ceux qui ont vu leur mère pleurer à leur lit de mort sous leurs palinodies.

Tel est, mesdames, l'état de notre société. C'est là ce qu'il faut corriger... *Quid leges sine moribus? — Vanæ.* (Très-bien! très-bien)!

M. Dupin dit : « Il s'est formé des sociétés de tempérance. Pour moi je voudrais qu'il se fît une société de mères de famille qui, sans cesser de se mettre et de se présenter avec décence et même avec le luxe qui convient à leur fortune et à leur état, donneraient l'exemple de retrancher impitoyablement le superflu et viendraient par là au soulagement des autres classes qui, de proche en proche et par imitation, veulent toujours atteindre un sommet auquel il ne leur est pas donné de parvenir. » Ces nobles pensées, noblement exprimées par M. le procureur général Dupin, m'ont fait longuement réfléchir. Ce résultat de mes réflexions est celui-ci, que je soumets à votre approbation... Nous sommes prêtes à voter pour ladite société, à en faire partie, à la propager, à la soutenir, à une condi-

2.

tion *sine qua non*. C'est que nos maris entreront eux aussi dans la *société dite des bons pères de famille.*

Et c'est cette société dont je vous demande la permission d'esquisser les statuts. (Écoutez! écoutez!)

Je vous lis le projet que j'ai rédigé à cette intention.

Art. 1er. Les maris, adhérant à la *Société des bons pères de famille*, s'engagent à prendre des arrangements pour solder dans le plus bref délai possible les notes de A., B., C., et autres faiseurs, qui n'ont pas rougi de leur présenter à la fin de chaque année des factures qui variaient de huit à douze mille francs.

Art. 2. Ils rompront également dans le plus bref délai avec mesdemoiselles D.,

E., F., après avoir toutefois remis ces demoiselles dans le chemin de la vertu, et avoir assuré le sort de leurs filles « nées hors mariage », s'ils en ont.

N. B. — Ils ne les placeront pas au Conservatoire.

Art. 3. Ils s'habilleront désormais dans les magasins d'habillements tout faits ou chez quelque obscur et raisonnable tailleur, qui ne fera pas payer plus de 120 fr. un article qui lui revient à 60 fr.

Art. 4. Ils ne porteront plus de bottes vernies. Un grand philosophe l'a dit : « Toutes les lâchetés qui se commettent de nos jours ont pour origine les bottes vernies. »

Art. 5. Ils ne fumeront plus que des cigares d'un sou, s'abstiendront du champagne frappé et du léoville 1812, et préféreront le bœuf bouilli à la sole à la normande.

Art. 6. Ils n'iront plus au cercle; ils ne se sacrifieront plus à la dame de pique et ne joueront plus qu'au jeu d'oie, se souvenant que les anciens Grecs n'avaient pas encore inventé les cartes.

Art. 7. Ceux d'entre eux qui auront 100,000 livres de rentes en valeurs mobilières ou immobilières non hypothéquées seront dispensés de l'observation des articles précédents, à condition qu'ils ne dépenseront pas plus de 99,999 fr. 99 c.

Art. 8. En aucun cas ils ne tendront à leurs femmes les piéges que Balzac a appelés *souricières* pour obtenir d'elles l'abandon de leur dot, le sacrifice de leur liberté et de la subsistance de leurs enfants. (Très-bien! très-bien! Approuvé!)

C'est qu'en effet, le mariage, tel qu'il est constitué en France, peut être comparé à une société en communauté d'intérêts. Aussi M. Dupin ne s'étonnera pas quand nous lui ferons observer que, si de deux associés l'un est sage, raisonnable, économe, l'autre prodigue, déraisonnable, dépensier, les affaires iront fort mal ; l'un gaspillera ce que l'autre amassera. (C'est évident.)

Prêcher à l'un des deux associés l'économie, cela est parfaitement inutile ; il faut la prêcher aux deux ; il faut la prêcher surtout à celui qui est encore, dans nos mœurs comme dans nos lois, le gérant responsable de l'association. On ne pourra donc établir la société des bonnes mères de familles qu'en établissant du même coup la société des bons pères de

famille. Et nous sommes en droit de dire
à **M.** le procureur général : « Donnez-
nous d'abord des maris raisonnables, et
nous nous efforcerons de devenir raisonnables nous-mêmes.

Et maintenant, mesdames, permettez-
moi d'entrer dans quelques explications
sur une question personnelle.

Plusieurs journalistes ont bien voulu
s'occuper de la première réponse que
j'adressai, il y a huit jours, à **M.** le procureur général Dupin. Je les en remercie.
Il y a quelque courage, en effet, de la part
d'un publiciste, à prendre en main la
cause des femmes. Il y a tant de gens
qui, ayant à se plaindre de vous ou de
moi, sont toujours prêts à soutenir la thèse
opposée !

Un seul de ces messieurs de la presse
a cru devoir taxer ma réponse de mauvais
goût.... Je ne lui en veux pas, et je me
borne à lui demander si, pour porter ce
jugement si empreint d'atticisme, il a pris
conseil du pompier du 15 mai.

M. Jules Richard (dans l'*Époque*), —
et qu'on ne s'étonne pas de m'entendre
appeler les journaux par leur nom, cet
exemple n'a-t-il pas été donné, en plein
Corps législatif, par l'honorable directeur
des postes? — M. Jules Richard, donc,
a bien voulu critiquer ma bluette. Sa critique est charmante; et *vrai*, je ne la cri-
tiquerai point; je ne relèverai dans son
article qu'un point, un seul point, pour
réparer une omission dont il m'accuse :

Madame Olympe Audouard a omis un point

grave dans sa réponse à M. Dupin. Elle n'a pas dit un mot de la crinoline.

Je sais pourquoi.

Les femmes ont fait le serment de se boucher les oreilles toutes les fois qu'on se moquerait de leurs cages ridicules. Elles se trouvent bien avec et ne veulent point abdiquer. Si madame Audouard avait combattu ou mal défendu la crinoline, elle eût été déclarée traîtresse à son sexe. Elle a préferé s'abstenir.

Notre critique est homme, par conséquent il n'est pas curieux : aussi voudrait-il bien savoir la cause de mon silence, le motif pour lequel nous nous obstinons à nous barder d'acier et à nous mettre en cage.

Je suis bon confrère, je vais donc satisfaire sa curiosité ; et je suis sûre, en le faisant, de ne pas être déclarée traîtresse à mon sexe.

La crinoline est incommode, cela est vrai, pour les hommes d'abord, soit qu'ils nous offrent le bras, soit qu'ils se trouvent, eux quatrième, dans une voiture, en compagnie de trois crinolines, soit encore qu'ils valsent, la tête formant angle droit avec la pointe de leurs pieds, qui s'enfuit vers leurs talons, en évitant la robe de leur danseuse.

Et nous, sommes-nous donc sur un lit de roses? Et croit-on que cette cage de fer n'ait pour nous que douceurs et que caresses?

Mais alors pourquoi la garder? pourquoi nous imposer ce supplice, digne des Chinois ou de l'Inquisition?

Perchè? Perchè? — Vrai, je ne sais comment m'y prendre pour répondre à ce *pourquoi.* Cependant je vais essayer,

3

me souvenant à propos du mot de Danton : *De l'audace, de l'audace, toujours de l'audace.*

Seulement, permettez à mon audace de prendre un chemin de traverse.

Ève, avant d'avoir essayé d'une jolie feuille pour costume, ne se trouvait pas trop peu vêtue; mais, le lendemain du jour où elle adopta cette mode, si le serpent lui eût conseillé de la quitter, elle se fût voilé la face et eût répondu : « *Shocking!* moi rester si peu vêtue! pour qui me prenez-vous? » La feuille fut le premier chiffon, et de chiffon en chiffon, Ève la blonde, que le soleil avait brunie (la brune n'étant qu'une blonde détériorée), en vint à ne plus laisser voir que son visage, ses mains et ses bras... Une fois cet usage adopté, si on avait condamné une femme à se montrer en public avec une simple feuille de vigne ou de figuier, je crois, je suis sûre même qu'elle eût éprouvé un grand embarras, et qu'elle eût senti, sous ce léger costume, un autre frisson que celui du froid... C'est en vain qu'on lui aurait dit : « Mais avant la feuille Ève ne portait rien. » Cet argument moral et historique ne l'eût pas convaincue; et Phryné fut, je crois, la seule qui osa dépouiller, à la face du soleil, sur les bords de la mer couleur de violette, les voiles que les filles d'Ève avaient inventés en inventant la pudeur...

Mais j'arrive au fait, car je vois qu'en cherchant à éviter ce terrain glissant, le pied me manque de plus en plus... Donc, avant la crinoline, — je suis assez vieille pour me souvenir de cette époque antédiluvienne, qui ne remonte guère qu'à huit ou dix ans, — nous ne portions, au Sacré-Cœur, qu'un petit jupon en percale et une robe assez étroite, un fourreau. Ce costume laissait deviner bien des choses, ou plutôt il accusait tout avec une netteté de contours qui eût rendu jaloux M. Ingres lui-même. Est-ce *malgré* ou *à cause* de son indiscrétion qu'il est si fort regretté des moralistes d'aujourd'hui? Pour nous, nous n'en étions pas choquées, ne connaissant pas encore ce quelque chose plein de mystère qu'on nomme cage ou crinoline, vaste voile bardé de fer, hérissé, hargneux, farouche, qui dissimule et qui défend.

Notre confrère commence-t-il à comprendre?

Nous sommes à présent comme Ève

après la feuille. Nous ne pouvons plus nous décider à révéler les secrets que nous avons cachés dix ans.

Quelquefois nous nous essayons avec le simple jupon d'autrefois et la robe ajustée. Nous nous trouvons peu vêtues, et vite nous remettons la crinoline.

On me dira que la pudeur est chose d'habitude et de convention. D'accord, et cela est si vrai, que toute femme en toilette de bal, les épaules et les bras nus, s'il lui arrive une visite, s'empresse de jeter sur ses épaules un burnous, une dentelle, une gaze quelconque; et cinq minutes après elle se montrera décolletée jusqu'au milieu du dos dans une salle de bal où il y a cinq cents hommes.

La femme turque montre sa gorge, et,

3.

dès qu'elle voit un homme, elle se cache le visage.

J'ai vu dans les harems des femmes échancrées de telle façon qu'elles auraient pu allaiter leur enfant sans défaire un bouton, une agrafe, une épingle de leurs robes ; et ces mêmes femmes, en me voyant décolletée à l'européenne, c'est-à-dire les épaules nues, étaient fort scandalisées !

Donc la pudeur est affaire d'habitude ; mais l'habitude elle-même développe chez la femme certains instincts, certains sentiments incompréhensibles, inexplicables pour les hommes, et que ceux-ci doivent cependant respecter.

Le voilà donc connu, ce secret plein d'horreur !

Les voilà donc dévoilés, ces mystères de la toilette parisienne, et voilà pourquoi nous gardons la crinoline envers et contre tous.

Que les économistes cessent aussi de fulminer contre elle, convaincus de contradiction, comme les moralistes sont convaincus d'hypocrisie. Elle n'amène pas un zéro de plus dans le budget toilette ; au contraire, grâce à son ampleur protectrice, les robes s'usent moins ; grâce à sa raideur salutaire, la robe portée trois fois [se défripe tout naturellement et paraît neuve encore.

Cependant, je me déclare, nous nous déclarons toutes prêtes à abandonner cette chère crinoline, à une condition :

C'est qu'on la remplacera par un cos-

tume très-simple et très-gracieux, — celui
des femmes d'Athènes.

Quelques mètres de laine blanche et
rouge, un camée sur l'épaule, quelques
paillettes d'or, trois ceintures d'étage en
étage, et c'est tout... Bien peu de chose,
en vérité, surtout quand l'avocat Hypé-
ride, qui ne prêta jamais qu'un serment,
et qui s'empoisonna par amour pour la
liberté perdue, plaidait pour Phryné, la
prêtresse de Vénus, accusée de sortilége.
Pour moi, je n'ai rien contre ce costume-
là. Que M. Dupin nous l'impose, je n'y
contredis point. Les maris mariés à de
jeunes et jolies femmes en seront peut-
être un peu fâchés, mais on les renverra
en Béotie.

Seulement ces messieurs adopteront le

costume spartiate, la chemise de chanvre, la tunique de bure et les jambes nues. En ce cas, nous leur recommandons les exercices gymnastiques, propres à développer les muscles trop grêles, et à remplacer par d'heureuses saillies les cavités trop profondes.

Je ne crois pas, mesdames, avoir épuisé votre patience en plaidant si longuement une cause qui est la vôtre. En parlant chiffons, j'étais sûre d'avance d'être écoutée. Les chiffons ne sont-ils pas faits pour être chiffonnées par vos mains-blanches et déchirés par vos ongles roses? L'ampleur des jupes n'a-t-elle pas été inventée pour justifier les fantaisies du corsage, et tous ces caprices charmants de la mode qui voilent à propos, découvrent avec esprit, laissent deviner ce qu'ils ne découvrent pas, rêver ce qu'on ne soupçonne même point?

Mais ce trop long plaidoyer m'a fait oublier mon réquisitoire. Et il me reste à prendre mes conclusions. Je dis donc, mesdames, que Basile n'est pas mort et que les hommes d'aujourd'hui sont de grands hypocrites, qui voudraient bien couvrir d'un mouchoir le sein de Dorine, à condition de l'y poser eux-mêmes; que l'économie politique est une science bien jolie, qui a remplacé avec avantage la casuistique d'autrefois; que la morale officielle a des profondeurs infiniment respectables; que la démocratie a du bon, à condition de ne pas être la démocratie des robes de bure et des mains sales ; et que les grands corps de l'État sont très-graves, très-vertueux, très-vénérables, et n'ont rien à voir dans la toilette des femmes.

Et, pour finir, permettez-moi d'invoquer les Dieux, — non pas ceux de M. de Mérode, qui est trop maigre, ni du R. P. Félix, qui nous endort si bien en ses sermons,—mais les Dieux d'Athènes, les Dieux de la Grâce et de la Liberté. Puissent ces divinités nous protéger toujours! puissent-elles nous garantir contre l'invasion du béotisme et du prudhommisme! Puisse Notre-Dame-de-Beauté nous préserver des vieillards moroses et des moralistes grondeurs, qui se croient plus sages que Socrate, lequel recevait des leçons de la belle Diotime, et menait ses élèves chez la belle

Théodote! Qu'en dépit des grondeurs, le ciel reste toujours bleu, les lèvres toujours roses et les cheveux toujours blonds! Et, puisque nous sommes dans un pays d'égalité, n'oublions jamais le mot de Camille Desmoulins : « En fait de république, amis, soyons d'Athènes. »

1619. — Paris, impr. Jouaust, rue S.-Honoré, 358

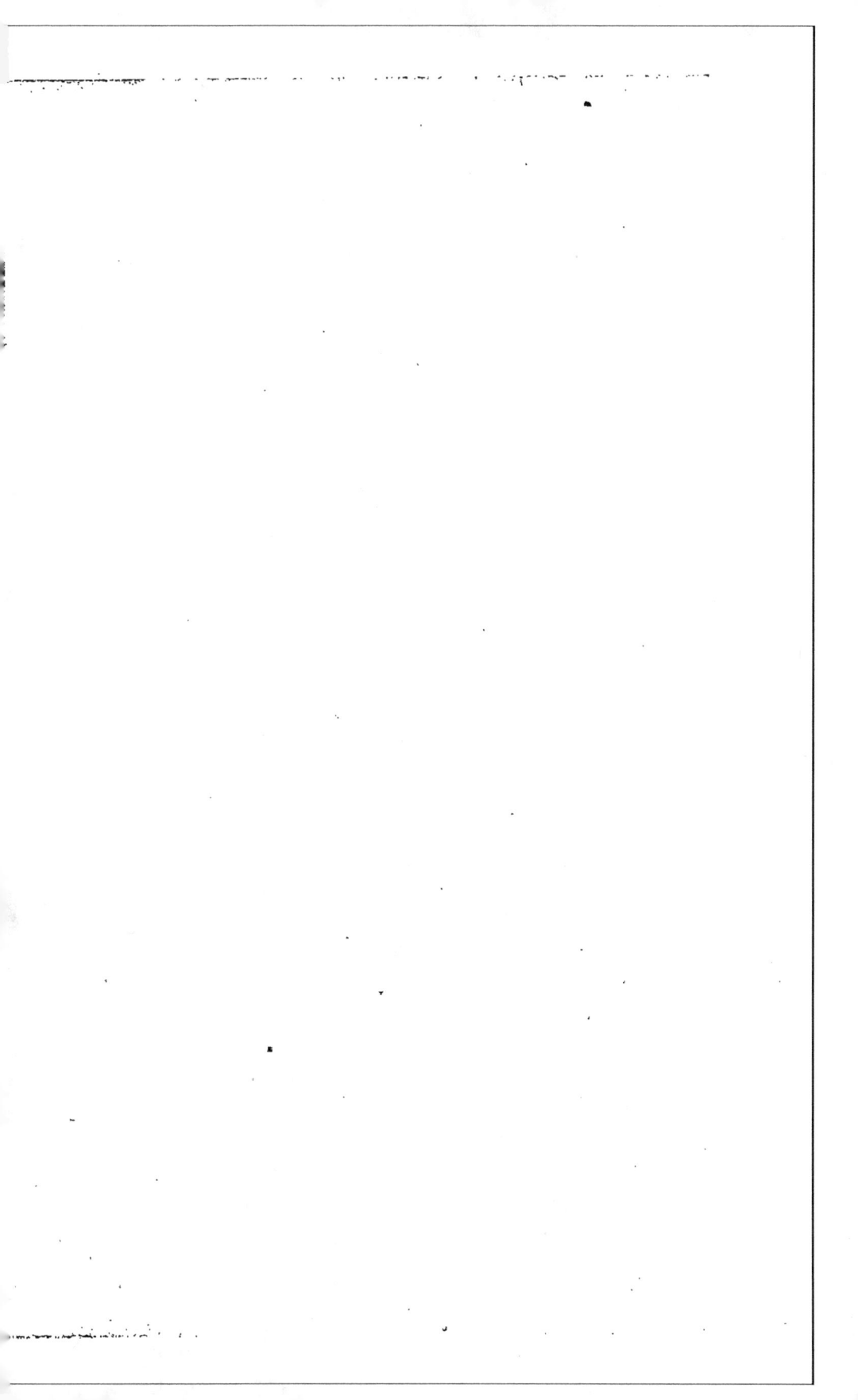

www.ingramcontent.com/pod-product-compliance
Lightning Source LLC
Chambersburg PA
CBHW060805280326
41934CB00010B/2567